PRIX 1 FRANC.   SOCIÉTÉ HAVRAISE D'ÉTUDES DIVERSES.   5 AVRIL 1864.

DISCOURS DE CLOTURE DU COURS PUBLIC DE DROIT ÉCONOMIQUE

OU

MORALITÉ DANS LE DROIT

PAR

Aldrick CAUMONT, Avocat au Barreau du Havre

Membre titulaire de la Société Havraise d'Études diverses; Membre correspondant de l'Institut historique de France, de l'Académie de Législation de Toulouse et de plusieurs Sociétés savantes; Professeur de Droit Commercial et Maritime à l'Hôtel-de-Ville du Havre; Lauréat de l'Académie de Législation; Auteur du *Dictionnaire universel de Droit Commercial Maritime*; de l'*Institution de Crédit sur Marchandises ou le Commerce du Monde d'après les Warrants français*; de l'*Amiable Composition remplaçant l'Arbitrage volontaire*; de la *Revue critique de Jurisprudence Maritime*; du *Plan de Dieu ou Physiologie du Travail*; de l'*Étude sur la Vie et les Travaux de Grotius ou le Droit naturel et international*; des *Gens de Mer*; de l'*Application des Warrants à la propriété maritime*, etc., etc., etc.

> La Sagesse et le Droit, c'est-à-dire la science de la Loi, sont avec Dieu. La source de la sagesse est le Verbe de Dieu dans les hauteurs des Cieux, et ses voies sont les Commandements éternels
>
> ECCLES. X. 15. I. 5.

PARIS

Auguste DURAND, lib.-édit., rue des Grés, 7. | GUILLAUMIN et Cⁱᵉ, libr., rue Richelieu, 49.

1864.

Havre. — Imprimerie ROQUENCOURT, Grand'Rue d'Ingouville, 10.

DISCOURS DE CLOTURE DU COURS PUBLIC DE DROIT ÉCONOMIQUE

ou

MORALITÉ DANS LE DROIT

PAR

Aldric CAUMONT, Avocat au Barreau du Havre

Membre titulaire de la Société Havraise d'Études diverses ; Membre correspondant de l'Institut historique de France, de l'Académie de Législation de Toulouse et de plusieurs Sociétés savantes ; Professeur de Droit Commercial et Maritime à l'Hôtel-de-Ville du Havre ; Lauréat de l'Académie de Législation ; Auteur du *Dictionnaire universel de Droit Commercial Maritime* ; de *l'Institution de Crédit sur Marchandises ou le Commerce du Monde d'après les Warrants français* ; de *l'Amiable Composition remplaçant l'Arbitrage volontaire* ; de la *Revue critique de Jurisprudence Maritime* ; du *Plan de Dieu ou Physiologie du Travail* ; de *l'Etude sur la Vie et les Travaux de Grotius ou le Droit naturel et international* ; des *Gens de Mer* ; de *l'Application des Warrants à la propriété maritime*, etc., etc., etc.

> La Sagesse et le Droit, c'est-à-dire la science de la Loi, sont avec Dieu. La source de la sagesse est le Verbe de Dieu dans les hauteurs des Cieux, et ses voies sont les Commandements éternels
>
> ECCLES. X. 15. I. 5.

1864

le progrès de la richesse doit être accompagné de celui de la morale et de l'instruction (86); et que la richesse devient pernicieuse là où la culture morale et intellectuelle ne s'élèvent pas en pareille mesure; — §. 7° que, quand un homme perd le sens moral, la chair s'empare de l'esprit et le fait esclave; de sorte qu'il n'y a de libre que Celui qui vénère le Droit naturel et obéit à la Loi morale (87).

XII.

Nécessairement parvenu à la *loi du progrès* (88), j'ai enseigné, dans l'ordre de la civilisation individuelle et collective : §. 1° qu'avec nos désirs expansibles et nos facultés perfectibles, le *Progrès* est l'action de plus en plus libre des lois naturelles — que les lois naturelles ne sont autres que celles de la moralité, de la justice et de l'utilité — pour la prospérité, l'aisance et le bien-être de tous : par la *juste rémunération du Travail et la consommation rationnelle des Richesses*; — 2° que des philosophes se sont déshonorés en prétendant que le Dieu de nos pères n'était pas un Dieu de progrès; comme si l'Être des êtres ne récompensait pas nos efforts à chaque pas, dans la voie du combat; — §. 3° que quand la loi de Dieu ne fait point irruption dans l'âme, il n'y a ni Foi ardente ni Raison lumineuse : la Morale est méconnue — la scission est partout dans les idées et dans les choses — on ne possède de la Science

---

(86) Sap. VIII. 21 à 30. VII. 1 à 11. — (87) II. Petr. 1. 2, 5 à 9. — (88) Philip. III. 13. 14. — II. Cor. XII. 9. — Eccles. XXXIV. 9. — Ps : LXI. 2. — II. Cor. V. 4.

que des lambeaux ; — §. 4° que si la malédiction du Globe est niée, la *condamnation de l'Homme au Travail, base de toute réalité*, est incomprise ; — que tout esprit qui ne veut point entrer sur la terre désolée de l'orgueil, avoue dans sa dignité, que seul le *dogme de la chûte* (89) nous fait concevoir l'*idée du Progrès* ; — qu'en nous représentant l'*Humanité tombée*, avec ses besoins indéfinis, ses facultés limitées et sa liberté vacillante, il nous fournit les conditions et les moyens de notre *perfectibilité* ; — §. 5° qu'effectivement, en nous tous la faiblesse est antérieure à la force, l'ignorance à la science, l'effort au résultat, l'acquisition à la possession, l'imprévoyance à l'expérience, l'instinct à la raison, la matière à l'esprit et la fatalité à la liberté ; — §. 6° que le *chef-d'œuvre* de cette *liberté* éclairée par la raison, est d'*harmoniser nos actes* selon les enseignements de la Solidarité Évangélique ; et que dès lors notre plus *grand effort* est de sacrifier la passion au *Devoir* (90) ; — §. 7° qu'enfin, dans son mouvement progressif, l'Humanité s'avance sans aucun doute vers un degré de plus en plus élevé de perfection et de bonheur, vers un développement de plus en plus complet de ses facultés, vers une amélioration indéfinie de ses œuvres ; — mais aussi sans jamais pouvoir atteindre ce beau et pur *Idéal, absolument vrai et sublime* — s'éloignant toujours à mesure que nous avançons sans cesse : la *Perfection*

---

(89) Gen : III. 14 à 17. VI. 12. — Job. XIV. 1. III, 3. 11 à 13. XIX. 25 à 27. III. 21. 22. — Is : XIV. 12 à 16. — Eccl : III. 22. 23. — Matth : VI. 34. — Rom : VIII. 18.
(90) 1. Petr. V. 6 à 10, — Eph : IV. 24.

1863-1864

COURS PUBLIC

DE

DROIT ÉCONOMIQUE

OU

MORALITÉ DANS LE DROIT

DISCOURS DE CLÔTURE

Prononcé à l'Hôtel-de-Ville du Havre, Grande Salle des Mariages,

5 Avril 1864,

Par Aldrick Caumont.

I.

Vani autem sunt omnes homines, in quibus non subest *scientia Dei*. Nosse enim Te *consummata justitia est*; et scire justitiam et virtutem tuam, radix est immortalitatis (Sap. XIII. 1. XV. 3).

Messieurs,

En terminant avec vous nos libres entretiens, où votre goût éclairé a souvent corrigé ma parole improvisée, ce n'est pas une superfluité de résumer, dans une synthèse, *la Moralité dans le Droit* ou le Droit Économique, objet de mon enseignement (1).

---

(1) 1. Petr. IV. 11. — II. Thimoth. II. 15.

II.

Après avoir défini le *Droit économique* : *la science des lois de la richesse physique, intellectuelle et morale* (2), j'ai démontré : §. 1° que les lois (3) que ce droit contemple sont des lois antropologiques; que *son thême*, son champ d'exploration, est *l'homme manifesté spirituellement par le travail* (4); — §. 2° que par l'*utilité* et la *valeur*, objet de la richesse, le *Droit économique*, dans son mouvement social, est perpétuellement en connexité avec la *politique* : science de la sécurité, et avec la *morale* : science du bien et du juste (5) ; — §. 3° qu'il faut se garder de placer la science économique au sommet de toutes les sciences; qu'elle est impuissante à résoudre tous les problèmes de l'homme et de la société, et qu'elle est nécessairement subordonnée à la *morale évangélique* (6) qui est la *justice en amour* (7), — c'est-à-dire cœur et âme de la philosophie et par conséquent *science* souveraine du *devoir* individuel et social : soit de la *responsabilité* (8) et de la *solidarité* (9) — imposant à chacun de nous l'obligation de rechercher *librement* le bien (10) et de le réaliser *volontaire-*

---

(2) Luc. IX. 25. XII. 16, 17, 18, 19, 20, 21, 22, 23, 29, 30, 31, 34, 39 à 44. — Rom. VI, 19. — Cor. III. 17. V. 1. — Coloss. I, 10, 11. II. 2, 3. — Apoc : III. 17, 18, 20, 21. — (3) Ecclés. XI. 15. I. 5. — Rom. XIII.10. X. 16. — Heb. IV, 12. VIII. 10. X. 16. — *(4)* Job. XIV. 1. VII. 1. V. 7.—Rom. II. 6, 7, 13, 14, 15. VI. 4, 5 à 8. XII. 11. — Cor. III. 13, 6, 7, 8. 22. 23. — Apoc : XXII. 12 à 15. III. 12. XXI. 7, 27. XIV. 13. — (5) Rom. I. 17, 18, 20, 21, 22, 23, 24, 25. — (6) Gal. V. 1, 13, 14, 15, 16, 17, 18 à 26. III. 11, 12.—(7) II. Joan. 6. — I. Joan. II, 29. III. 7, 10 12. 15 18. — I. Thess. V. 13 à 23. — Coloss. III. 4. — (8) Gal. VI. 5. — Job. IV. 8. — (9) Gal. VI. 2. V. 14, 15. — (10) I. Tess. V. 15 à 24. — Gal. VI. 7. 8, 9.

ment dans nos *œuvres* en tout et pour tous (11), en amassant en nous la plénitude de la loi : *l'amour* (12) ; — §. 4° que toute *cause perturbatrice*, dans l'être individuel comme dans l'être collectif, provient tant de l'*inobservance de la loi morale* que de l'insubordination de l'utilité à la justice, ainsi que nous l'atteste la force invincible de la conscience qui affirme nos devoirs et nos droits, dans l'appareil rémunérateur et vengeur de la responsabilité ; — §. 5° que le droit (13) fournit à la morale les notions les plus exactes en ce qui touche l'ordre civil, la liberté humaine et les exigences de l'équité juridique ; comme l'économie politique lui apprend de quelle importance est la richesse pour l'amélioration de la vie sociale, et à quelles conditions elle se produit, se distribue et se consomme de la manière la plus conforme à la justice (14) ; — §. 6° que *la justice* (15), règle (16) et sanction des mœurs, est l'action permanente du ciel dans l'humanité (17) ; que l'âme reçoit la justice dans la transfusion mystique du Verbe de Dieu (18) principe et force de vie (19) ; que, lorsque la justice se fait entendre dans l'âme, c'est la voix impérieuse du Verbe qui nous appelle et nous somme de le défendre en vertu de notre *liberté* (20) ; — §. 7° qu'enfin, la justice (21), assise sur

---

(11) Gal. IV. 18. — (12) II. Joan. 6, 7. — Rom. XIII. 10. — (13) Gen. XVII. 1. Ecclés. XI 15. I. 5. — Matth. VI. 33. 34. — XXII. 36 à 40.— Marc XII. 29. 30. 31. — (14) 1. Joann. III. 17. 23. 24. — (15) Job. XXIX. 17. 9 à 14.— Ps. LXXXII. 1. 2. 3. 4. 5. — Rom. XIV 17. 22. 23. — Coloss. III. 25. IV. 1.—(16) Ecclés. XVI. 24. 25. — (17) Ecclés. XV. 2. — (18) Ecclés. XI. 15. I. 5. — (19) I. Joann. V. 20. 3. 1. 5. (20) Ecclés. XV. 14 à 18. — (21) 11. Cor. V. 10. 11.

la volonté de l'Éternel (22), est immuable et absolue, indéfectible et sainte — domine souverainement toutes les constitutions politiques et économiques des peuples (23).

III.

J'ai démontré : §. 1° que le *Droit économique* a pour *objet* l'homme en société, dont il faut étudier physiquement, intellectuellement et moralement, les besoins, les efforts et les satisfactions ; que son *domaine* est l'intérêt personnel ; son *objet* la richesse dans sa production, sa distribution et sa consommation ; sa *cause* l'échange de nos efforts laborieux ; sa *base d'opération* la justice (24) ; sa *fin* la moralité dans la consommation des produits ; et son *terme suprême* l'amélioration de l'humanité. — §. 2° Abordant la théorie du Droit pur, j'ai enseigné que, science de ce qui est juste et équitable, le Droit, véritable direction individuelle et sociale de la liberté (25), a pour *préceptes* inéluctables : *Vivre honnêtement, ne pas léser autrui et rendre à chacun le sien ;* — §. 3° que le *Droit*, loin d'être la science universelle, ne s'occupe des choses divines et humaines que pour distinguer en elles le juste et l'injuste, le licite de l'illicite ; qu'on ne peut concevoir le juste et l'injuste, c'est-à-dire en avoir la science (26), sans concevoir en même temps l'obligation impérieuse (27)

---

(22) Ecclés. I. 8 II. 1 à 23. — (23) Ecclés. XV. 3. — (24). Rom. XIV, 17. — (25) 11. Corinth. III. 17. — Gal. V. 13 à 26. — (26) Ecclés. XVII. 6. — (27) Ecclés. XV. 14 à 21.

de faire l'un et de s'abstenir de l'autre ; — §. 4° que cette notion est une manifestation certaine de la pensée de Dieu, auteur de toute harmonie, de tout ordre, de toute justice; que seule cette connaissance répond à la nature rationnelle et sociale de l'homme (28), et s'impose avec autorité à son intelligence ; — §. 5° que jouir de la liberté est le *droit*, respecter celle d'autrui le *devoir* (29); que, sujet actif du droit et sujet passif du devoir, ces deux *faces de la loi*, l'homme doit respecter la dignité de la personne (30) en lui-même et dans autrui ; que le *respect de la personnalité* constitue la *loi* (31); que la loi a pour sanction : le *bonheur* si l'on y obéit, la *souffrance* si on la viole ; — §. 6° qu'aussi, temple (32) vivant de Dieu, l'homme ne peut transiger avec le droit, car il est la dignité de la personne, comme la loi (33) en est le respect ; — §. 7° que la *sanction sociale de la dignité de la personne* est dans le *repos du Dimanche*, dans la sanctification du Sabbat Chrétien, par l'adoration et la prière (34), c'est-à-dire dans la fériation des jours saints — assises impérissables de liberté, d'égalité et de fraternité où le Peuple, avec la probité de son libre arbitre — en réprouvant la frénésie des œuvres serviles pour les œuvres des hautes méditations — porte devant l'Éternel son culte intérieur, en le manifestant publiquement en esprit et en vérité (35).

IV.

Insistant sur ces principes fondamentaux, j'ai enseigné :

---

(28) Ps. I. 1 à 6. — (29) Rom. XIII. 11. — (30) 2 Petr. I. 1 à 10. — (31) Ecclés. VI 37. XVII. 1 à 25. — (32) 1. Thess. IV. 4. — Eccles. XIX. 6. — (33) Rom. XIII. 10. — (34) Eccles. XVIII. 23. — (35) Ephés. I. 17 à 21. III. 14 à 21. — Math. VI. 5 à 15.

§. 1° que la science de la justice et des mœurs est basée sur la *conscience* qui a ses notions fondamentales et ses formes innées (36); que la *justice* est la *volonté* ferme et perpétuelle de *faire droit à chacun;* que la volonté qui constitue la justice doit être sans cesse forte et durable, insurmontable dans sa résistance et irrésistible dans son action; — §. 2° que les règles du droit circonscrivent l'économie politique et au besoin lui fournissent certains axiômes sans lesquels elle ne peut bien concevoir toutes ses lois, ni résoudre tous ses problèmes; — §. 3° J'ai rappelé à ce sujet le *ne quid nimis* de l'oracle de Delphes, le juste milieu d'Aristote, le *servare proportionem* de Cicéron, et cette belle définition que Dante a fait du Droit : *Jus est realis et personalis proportio quæ servata servat Societatem, corrupta corrumpit;* — §. 4° J'ai fait connaître que l'ordre économique est fondé sur la *loi de proportion* (37); que la loi de proportion présuppose la justice et la moralité; que dès lors la règle économique est la *liberté* (38) sous la discipline de la justice (39) et de la moralité (40); — §. 5° Puis j'ai constaté comme loi organique de l'*humanité* que, physiquement, intellectuellement et moralement, l'*homme* — né dans l'ignorance (41) et la misère (42) — ne peut donner satisfaction à ses besoins impérieux de science (43) et de richesse (44) qu'en peinant sans relâche (45), dans une *guerre*

---

(36) Ecclés. XV. 13 à 18. XVII. 6 à 11. — (37) Sap. XI 21. — (38) Jac. I. 25. II. 12. 24. 26. — Cor III. 17. — (39) Eph. V. 9. — Gal. V 13. — Cor VI. 7. 14. — Rom. XIV. 17. — Joan. II. 29. III. 4. 7. 10. 12. 15, 18. II.—Joan. 6. —Héb- V. 13. 14. — (40) Philip. IV. 8. — Coloss. I. 10. — (41) Rom. XI. 7. 8. — Ephes. IV. 18. — Coloss. II. 8. Jud. 8. 16 Sapient. IX. 14. — (42) Job. XIV. 1. — (43) Sapient XIII. 1, — Ecc. VII. 13. — Sapient. VIII. 11. X. 10. — (44) Apoc. III. 17. 18. — (45) 1. Petr. V. 10.

continuelle à la parcimonie de la nature ; — que sa *destinée* est d'obtenir le pain quotidien par un *labeur* quotidien (46), en luttant perpétuellement avec la création (47) qu'il doit vaincre par ses efforts laborieux, pour s'en approprier les éléments et les forces ; — §. 6° qu'il faut que l'homme arrive au bien-être pour obtenir les loisirs que nécessite la culture de son esprit et son élévation morale, sans lesquelles il ne peut apporter dans ses déterminations, ni sagesse, ni droiture, ni raison ; — §. 7° que la *règle de conduite* de l'être individuel comme de l'être collectif, est dans l'ordre économique : *Vivre de peu, travailler beaucoup et apprendre sans cesse en cultivant le cœur et l'intelligence,* pour maintenir dans nos œuvres l'harmonie préétablie du Vrai, du Juste et de l'Utile (48).

V.

Contrôlant la *loi de production*, j'ai reconnu : §. 1° que la richesse n'a pas d'autre *principe générateur* que le travail de l'homme ; que le *travail* est la *vaillance du cœur et de l'esprit* ; — §. 2° qu'à mesure que l'Humanité apprend à porter plus d'art et d'habileté dans l'usage de ses puissances laborieuses, la richesse s'accroit, se propage et s'égalise ; que jusqu'à la mort nous devons respecter religieusement, sous peine de tomber dans la corruption (49) et la misère (50), la loi provi-

---

(46) Gen. III. 17.—Job. VII. 1.—II. Thess. III. 8, 9. 10. — Math. VI. 34.— Cor. III. 7. — (47) Eccl. III. 11. — (48) Sapient. XI. 21. — (49) Eph. IV. 18. 22. 23. — (50) Eph. V. 15. 16.

dentielle du travail (51); ℞. 3° qu'en effet, nous ne recevons l'être qu'avec des besoins à satisfaire, nous ne pouvons conserver notre existence qu'en usant, nous ne pouvons user sans avoir et nous ne pouvons posséder sérieusement que par l'appropriation; — ℞. 4° que l'*appropriation*, loin de pouvoir constituer le fruit impur de l'oppression et de la violence, doit être le prix exclusif de la dépense de nos facultés, suivant que nous travaillons spirituellement ou corporellement; — ℞. 5° qu'en éliminant les anomalies par la juste réciprocité (52) des services librement échangés, la Société balance économiquement, avec nombre, poids et mesure, toutes les forces physiques, intellectuelles et morales; — ℞. 6° qu'effectivement la richesse ne croit que dans la mesure où la liberté et la justice sont garanties ; et que sans liberté ni justice la *propriété* — cette extension matérielle de la personnalité — ne saurait revêtir les glorieux attributs de l'égalité, de la responsabilité et de l'ordre ; — ℞. 7° que dès lors toute violation de la justice (53), dans la mutualité des services, cause l'immolation du travailleur; comme toute altération par force ou par ruse dans l'équivalence naturelle des services, est une véritable spoliation (54).

VI.

Recherchant les éléments de la richesse, j'ai démontré :
℞. 1° qu'elle a son origine dans le concert des œuvres de l'homme

---

(51) Gen. III. 17. — Job. VII. 1. — Apoc. XIV. 13. III. 12. — (52) Gal. VI. 2. V. 14. 15.
(53) Ecclés. XV. 7. 8. — (54) Eph. IV. 28.— Coloss. IV. 1. — Jac. V. 4. 5. — Job. IV. 8.

— 11 —

avec les matériaux et les forces de la nature ; — §. 2° que la nature, jalouse de ses mystères, veut être vaincue par l'art ; que ce n'est qu'aux esprits qui la tourmentent et lui font violence, qu'elle laisse échapper ses secrets ; — §. 3° que, pour ne citer qu'une seule des manifestations les plus grandes et les plus utiles de l'activité humaine dans ses entreprises pleines de génie, d'intelligence et d'audace, nous voyons le navire à vapeur — bâtiment de mer (55) braver les océans, défier les tempêtes, se jouer parmi les tonnerres qui s'éteignent et se taisent à son aspect — franchir, en dominateur, l'immensité d'espaces que mille obstacles naturels semblaient avoir rendus infranchissables ; — §. 4° que, par la guerre laborieuse que l'homme livre sur terre et sur mer à la création, il fait sortir de ce merveilleux laboratoire tout ce qui sert à le nourrir, le vêtir et le loger — maîtrise les éléments les plus redoutables et les plus impatients du joug — marque du sceau de sa volonté tout ce qu'il œuvre, en y laissant l'empreinte de son génie ; — §. 5° que l'Humanité tire des réservoirs de la nature des moyens de bien-être à titre d'autant moins onéreux qu'elle fait un meilleur emploi de ses facultés ; que chacun de nous, dans nos vocations professionnelles — en présence du droit de vivre par le devoir de travailler qui constitue l'égalité pour tous — est appelé à développer avec émulation (56) ces mêmes facultés ; c'est-à-dire à produire concurremment et librement, par un

---

(55) Ps. C IV. 4.— (56) 11. Tess. III. 8. 9. 10. — I. Cor. IV· 12. III. 13. — Ps. XXXVII. 3.

travail spécial et séparé, les biens qui nous manquent naturellement (57); — §. 6° que, tandisque la paresse attaque l'homme dans son corps et dans son âme et l'accuse de scélératesse et de lâcheté — par contre, le travail est l'expression la plus incorruptible de la conscience : la valeur suprême constituant l'être humain en force et en dignité ; — §. 7° que, père du génie, le travail nourrit le cœur, fortifie la raison — provoque la pensée à l'innovation et au progrès — élève la société à des splendeurs inconnues (58); — §. 8° que, si plus que jamais, la création est dans l'agitation et le frémissement, c'est parce que l'Esprit du Travail souffle sur elle pour en renouveler la face.

VII.

Après avoir envisagé *la loi du travail* et démontré que tout régime factice, qui dans l'ordre laborieux fait violence à une sage liberté, est destiné à périr ; j'ai abordé la *loi du capital* et enseigné : §. 1° qu'en Droit économique, on entend par *capital*, non pas ce qui est stérilement thésaurisé (59) mais tout produit du *travail épargné, destiné à être l'organe d'une production nouvelle,* pour nous libérer de la pression de nos besoins ; — §. 2° que le Christianisme (60)—ce fait le plus formidable de l'histoire — en prêchant le jeûne (61) et la privation chez les classes aisées, enfanta l'épargne, qui n'est que l'abstention d'une consommation actuelle en vue d'un bien futur ; —

---

(57) Rom. XI. 14. — (58) Rom. II. 7. — (59) Luc. XII. 21. XIX. 23. — (60) Joann. XIV 6. — (61) Matth. VI. 18.

§. 3° que le capital se forme par les vertus morales, et particulièrement a sa racine dans ces trois attributs de l'être raisonnable : *Prévoyance, intelligence, frugalité;* — §. 4° que par la même raison il n'est aucun de nos vices, surtout l'imprévoyance, l'ignorance et l'intempérance, qui ne soit une cause directe ou indirecte de misère, en empêchant l'accumulation ou la formation du capital; — §. 5° que notamment l'épargne, qui joue un si grand rôle dans l'accomplissement de la loi de solidarité (62), forme et accroit le capital; — §. 6° que le travail doit sa fécondité au capital; que sans lui, l'humanité s'épuiserait en efforts stériles, — qu'en contrarier la formation par les vertus de tempérance (63) et de sobriété (64), c'est être hostile au progrès (65) et méconnaître l'éducation de notre liberté; — §. 7° qu'enfin le capital est l'ami et le protecteur des classes souffrantes et le levier de leur affranchissement — comme il est la vie matérielle des États et la mesure de leur civilisation (66).

VIII.

Passant à la *loi d'échange* et du commerce, soit à la distribution des richesses, j'ai démontré : — §. 1° que si, dans dans ses rapports avec le Créateur, l'homme est élevé au-dessus des bêtes par le sentiment religieux; dans ses rapports avec ses

---

(62) Gal. IV. 14. 15. VI. 2. Jacq. V. 4. Joann. IV. 7. 8. 20. — (63) Eccles. XIX. 1. 2. — (64) Tit. II. 6.— 1. Petr. V. 8.—(65) 1. Joan. IV. 7. 12. II. Joan. 6. 8. 9.—(66) Joann. IV. 7. 8. 20.

semblables par la justice; dans ses rapports avec lui-même par la moralité, il faut reconnaître que, dans ses rapports avec ses moyens de vivre et de se développer, l'homme se distingue des animaux par un phénomène remarquable : l'*échange;* — §. 2° que, par l'échange, les humains se transmettent réciproquement et à titre onéreux leurs mutuels services (67); que propriétaires de nous-mêmes, de nos efforts et de nos peines — en nous passant de main en main nos produits — nous stipulons uniquement sur notre valeur c'est-à-dire sur nos *services* (68); — §. 3° que la libre appréciation des services est le seul fondement de la *valeur;* — §. 4° que la valeur n'est jamais dans les substances, mais dans le travail intervenu pour en accroître l'utilité; — §. 5° que la *propriété* est le droit naturel de demander un service (69) pour un autre service, c'est-à-dire le droit de s'appliquer à soi-même ses propres efforts ou de ne les échanger que contre des services équivalents ; — §. 6° que les services n'ont rien de commun avec les élaborations mystérieuses par lesquelles la nature communique de l'utilité aux choses qui sont l'occasion des services; — §. 7° qu'en un mot les *services réciproques* sont seuls *objet* et *matière de la propriété :* de ce *tien* et de ce *mien* que nous échangeons perpétuellement.

---

(67) I. Petr. IV. 10 — (68) Gal. VI. 2. V. 14 15 — (69) Jacq. V. 4. Ephes. VI. 5.

IX.

Travaille ceci tandis que je travaillerai cela et nous échangerons : voilà le Verbe du progrès. — Effectivement j'ai démontré : — ₰. 1° que l'*échange*, résultat de la division du travail et des forces productives, détermine avec une exactitude merveilleuse, ce rapport constamment variable qu'on appelle *valeur ;* c'est-à-dire la substance avec laquelle on peut commercer, et qui n'est que dans la comparaison des services réciproquement offerts et demandés ; — ₰. 2° qu'à l'égard les uns des autres, nous ne sommes propriétaires que de valeurs représentant des services librement reçus et rendus : ce qui veut dire que nous ne vivons que de notre propre substance et par l'échange de nos produits de la substance des autres ; —₰. 3° que le *Commerce,* principe vivifiant et âme de l'industrie, c'est-à-dire débouché de la production, comme le travail en est l'organe, n'est véritablement qu'un *échange de valeurs ;* et le commerçant qu'un industriel qui sert d'intermédiaire ; — ₰. 4° que l'achat d'un produit ne peut être fait que par la valeur d'un autre ; que l'or et l'argent ne sont que des moyens d'échange ou des instruments de circulation ; — ₰. 5° que levier le plus puissant de la civilisation matérielle, le Commerce fait circuler sur tous les points du Globe, cette infinie variété de productions que donne chaque peuple et chaque climat ;—₰. 6° que l'échange entre nations comme entre particuliers provient de la diversité de leurs aptitudes, profite à l'acheteur et au vendeur et se lie au principe de l'ordre universel ; — ℟. 7° que les peuples les plus commerçants et les plus laborieux sont les plus honorables, les mieux nourris, les mieux vêtus et les mieux gouvernés ; et par conséquent les plus paisibles, les plus glorieux et les plus justes.

X.

Arrivé à la *loi de satisfaction* des besoins ou de consomsommation des richesses, j'ai démontré : ℟. 1° que la consommation n'est que l'emploi des utilités qui résident dans les produits ; — ℟. 2° que l'utilisation des produits est indéfinie comme nos besoins ; — ℟. 3° que la satisfaction de nos besoins physiques, intellectuels et moraux, est en raison de nos moyens, de nos facultés et de nos produits (70) ; — ℟. 4° que ne pas rendre à chacun le sien, dans l'application de nos facultés à la satisfaction de nos besoins, c'est empêcher l'homme de grandir en force et en dignité ; c'est attenter à la liberté de vivre, de se se développer, de se perfectionner (71) ; — ℟. 5° que tous nos efforts en travaux, en épargnes et en échanges, ont la consommation (72) pour but final et terme suprême ; — ℟. 6° que perfection de l'évolution économique, *la consommation domine la science de la richesse,* diminue l'antagonisme entre les intérêts particuliers des hommes comme producteurs, enfante le bien

---

(70) I. Cor. III. 6. 7. 8. 22, 23. — (71) Sapient. V. 1. — Ps. CVI. 42. — Luc. VI. 24. 25. — Jac. V. 1. 4. 5. — Philip. III. 8 à 14. — (72) Philipp. IV. 12. — Ephes. V. 15. 18. — Thess. III. 5. — Proverb. XX. 1. XXX 8. XXXI. 5.

ou l'harmonie quand elle est équilibrée et hiérarchisée (73) ; le mal ou la discordance quand elle manque de règle et de discipline (74) ; — ?. 7° que la cause des *souffrances* de l'être collectif est le *défaut d'équilibre* entre les forces, les services et les produits ; que ce défaut d'équilibre provient à son tour de *l'immoralité*; — que la première chose à faire pour détruire le paupérisme et assurer le travail est de revenir à la *sagesse*, c'est-à-dire à la vie de l'esprit qui est le signe de l'abjuration des mœurs charnelles.

XI.

Puisque la loi de consommation tient par des racines profondes aux harmonies de la nature et de l'humanité, j'ai rappelé : ?. 1° que la religion de Jésus-Christ (75) — véritable poésie de la justice — adresse au riche (76), ce grand consommateur, un sévère avertissement sur son immense responsabilité (77) quand il recherche des satisfactions qui ne sont, devant son libre arbitre, ni raisonnables, ni honnêtes, ni bienfaisantes, ni morales ; — ?. 2° que l'excès de satisfaction, comme son défaut, est proclamé par une puissance d'équilibre et d'harmonie la *sensibilité*; — que la sensibilité, postée comme sentinelle à l'extrémité des nerfs, aux avenues du cœur et sur les routes de l'intelligence, se manifeste par une implacable mais sublime

---

(73) Sap IV. 1. VI. 1. VII. 14. — Eccles. II. 5. 6. — (74) Sap. III. 11. — Eccles. I· 31. — (75) Joann. V. 12. — 1. Timoth. VI. 15 à 17. — (76) 1. Timoth. VI. 17. 19. — Eccles. XVIII. 25. — (77) Luc. VI. 24. 25. — Jac. V. 1. 4. 5. — Math. XI. 28. XXV. 32. — Ps. XXXI.1 à 6.

réalité, la *souffrance*; — que la souffrance (78), dans ses aiguillonnements perpétuellement combinés, assure, en nous la faisant acheter et mériter, la prépondérance du bien et du beau, du juste et du saint; — §. 3° que l'homme — au lieu de se constituer l'esclave de l'ostentation (79) et de la sensualité (80), l'ennemi juré des prestations utiles et le perturbateur de la loi de proportion entre les industries de nécessité, d'utilité et d'agrément — doit circonscrire ses désirs (81) dans la sphère glorieuse du juste et de l'honnête et respecter dans toute sa rigueur le régime économique, en opposant aux jouissances dépravées (82), l'austérité des mœurs (83) et les joies de l'intelligence (84); — §. 4° qu'effectivement l'économie accompagnée de la morale et du droit, conduit aux *harmonies de Bastiat*; tandis que, privée de la lumière et de la direction que lui fournissent ces deux sciences, elle aboutit fatalement aux *antinomies de Proudhon*; — §. 5° que pratiquement et privativement l'homme, en lutte perpétuelle avec ses passions et ses désirs (85), doit faire usage de consommations avouées par la raison; éviter un luxe qui ne serait pas le résultat du travail et du capital, et, par *l'économie* se refuser le *superflu* pour se ménager le nécessaire; sans tomber dans l'avarice qui ne sait se servir de la richesse, ni dans la prodigalité qui en épuise les ressources; — §. 6° que

---

(78) Heb. XXII. 10. 11. — (79) I. Petr. III. 3. 4. — (80) Apoc. XXII. 15. XXI. 7. 27. — Rom. I. 28 à 32. 1. — Cor: VI. 9. 10. — 1. Tess. IV. 4. 5. — (81) Rom : XII. 3. — (82) Ezech. XXIII. 32 à 35. — 11. Petr. II. 13. 14. — (83) Galat. V. 1. 3. 16 à 26. — (84) Jac : III. 13. 16. — (85) Rom : VII. 14 à 24.

de Jésus-Christ (91), — Fils du Dieu vivant, — Fondateur et chef de l'Humanité unie à Dieu — pure splendeur de la clarté du Tout-Puissant (92), — image du Dieu invisible —(93), révélateur expérimental et pratique de l'Esprit même de ses Œuvres.

XIII.

Hommes de science et de suprême sincérité : §. 1° purifiez itérativement votre âme de l'illusion du cœur et de la séduction de l'esprit ; — dans le silence de la nature, livrez-vous expérimentalement et religieusement à Dieu présent partout en essence et en substance ; — §. 2° recueillez résolument vos intelligences en face du problème de nos destinées — dans ces jours où, sous le masque de la critique pure, le Scepticisme — comme un géant sombre (94) — se déchaîne ténébreusement sur le Monde avec un redoublement de violence ; — méprisant la science frivole des rhéteurs et des sophistes, proclamez que là où manquent l'Amour actif et la Foi en Christ, la Morale est sans garantie comme sans base ; — §. 3° considérez la Conscience comme partie intégrante de l'âme, puisque par son commandement absolu elle ordonne et discipline subjectivement les inclinations, les besoins et les passions dont elle refrène la fougue et refoule l'exubérance ; comme elle régit objectivement les Services mutuellement échangés en plaidant souverainement

---

(91) Matth, V. 48. — Gen : XVII. 1. — Rom. VIII. 38. 39. — Apoc. II. 7. — (92) Sapient. VII. 25. — (93) Coloss. I. 15. — (94) II. Timoth. III, 4. — Jud. 16.

contre nous-même le droit du Prochain, dès que notre égoïsme l'injurie. — §. 4° Philosophes, dont les méditations concordent avec celles des Jurisconsultes, puisque le Droit prend sa base dans la profondeur de la Philosophie, (95); — planez dans les mondes transcendants, dont les principes sont supérieurs à la géométrie et à l'algèbre, et dont la puissance ne procède ni de l'attraction, ni d'aucune force physique; — respirez dans l'atmosphère de la Raison souveraine (96) où se brisent les catégories de temps, de génération et de mort; vous saisirez les formules de l'Humanité, la loi de sa vie, son progrès, ses mouvements, ses attractions, ses combats (97); — §. 5° et vous saurez que le plus beau spectacle sur la terre est l'Homme de bien (98) aux prises (99) avec le malheur (100), — comme le plus bel idéal après Jésus-Christ — est celui qui fait monter glorieusement le Travail (101) sur le trône de l'Humanité (102).

XIV.

Conséquemment j'ai formulé en ces termes le sommaire de la Loi économique : *Travail* (103) *et Commerce dans la Paix* (104), *dans la Justice* (105) *et dans la Liberté* (106) et proclamé avec toute l'énergie dont je suis capable : §. 1° que, loi de per-

---

(95) II. Timoth. III. 16, 17. — (96) Job. IX. 4 à 32.—(97) Job. VII. 1 à 8. — I. Eccl. III. 11. — Apoc. XIV. 12. — (98) Job. I. 1. 8. — (99) Job. VII. 1 à 8. — (100) I. Petr. IV. 19. — Job. XXI. 1 à 34. —(101) Jac. II. 24. I. 25 — (102) Apoc. XIV. 12 13. — (103) 1. Cor. XV. 58. XVI. 14. IV. 12. — Apoc. II. 7. 11. XXI. 7. — (104) Joan. XIV. 27. Luc XII. 37. Matth. V. 9. Rom. XIV. 17. Eph. II. 14. — (105) Luc. XII. 31. Ps. CXIII. 137. XVIII. 9. Rom. I. 17. XI. 14. 15. Hébr. XI. 1. Joann. VI. 58. Sap. V. 1. Prov. X. 21. Ps. LXXXI. 1 .2. 3. 5. —(106) I. Cor III. 17.—Rom. VIII. 21.—Jac. I. 25. II. 12.

fectibilité indéfinie de l'Homme, le Travail physique, intellectuel et moral, est la synthèse vivante de la Philosophie et de la Théologie : c'est-à-dire la véritable *Somme* économique et juridique des temps nouveaux; — §. 2° que, sans cette grande force individuelle et collective toujours en création et en mouvement, l'Humanité ne se serait jamais élevée à la vertu, à la société et à la civilisation; — §. 3° que, sans le *Travail* — cette *Loi des Lois* — les Nations vivraient sans garantie, sans principes, sans foi et sans droits; — §. 4° que, religieux dans ses théories, juste dans ses pratiques, pur dans ses manifestations et saint dans ses œuvres, le Travail doit tout vaincre même la Cité de Dieu; — §. 5° qu'enfin, principe, but et terme de notre activité, le Travail en Jésus-Christ est l'architecte de l'immortalité de l'Homme — l'inspirateur de l'âme à la science de l'Éternité. (107) — *(Vifs applaudissements).*

XV.

Voilà, Messieurs, le résumé de mon Enseignement : ses idées générales et ses vues d'ensemble. — Puissè-je l'avoir oralement pratiqué par l'analyse et l'exégèse — Je l'ai puisé dans les Saintes-Écritures qui ont rationnellement placé le *Droit économique* dans le domaine de la Spiritualité. — Qu'il me soit permis de l'espérer, le Monde économique actuel — qui ne voit que la matérialité dans la science de la richesse, —

---

(107) Apoc. XIV. 12. 13. XXII. 14. XXI. 26. Jac. II. 24. 26. I. Cor. VI. 9. 10.

me pardonnera sans doute d'en avoir vu le mouvement et la vie dans le *Monde moral*, où le Travail, — âme du Progrès, — a pour base d'opération la Justice et pour force motrice la Liberté en Christ. C'est ainsi que — dans l'Humanité réglée par le Travail — la dignité, la richesse et la gloire (108) sont mises au concours pour être la récompense des vaillants (109) dans les œuvres héroïques du Devoir, — des forts dans la pratique obstinée de la Loi de Jésus : le vrai et pur *Évangile* — forteresse de la Justice et de l'Association — qui a changé l'axe moral du Monde en le rendant libre par la *Vérité*. *(Applaudissements prolongés).* (*)

(*) En se levant, le Professeur, au nom de la divulgation des Sciences, s'est fait un devoir de remercier S. Exc. M. le Ministre de ses admirables paroles qui se trouvent dans son discours prononcé à la Sorbonne, sur le mouvement intellectuel : « *Quiconque a pour le Peuple une bonne pensée — et se propose, sans visée particulière, de travailler à son avancement moral — trouve aisément une Chaire où il peut mettre la science la plus haute à la portée des plus petits, et initier nos Classes laborieuses aux plaisirs les plus délicats de l'Intelligence.* » — (Bravos et applaudissements).

A. CAUMONT.

---

(108) 1. Timoth. VI. 12 à 20. — (109) Apoc. XXI. 7. 8. Job. III. 17. 18. — II. Timoth. I. 7 à 10.

Ouvrages du même Auteur :

DICTIONNAIRE UNIVERSEL DU DROIT COMMERCIAL MARITIME
Presque épuisé. — Prix : France, 24 fr.; Étranger 30 fr.

INSTITUTION DU CRÉDIT SUR MARCHANDISES
in-8°. 5 fr.

DE L'EXTINCTION DES PROCÈS
ou
L'Amiable Composition remplaçant l'Arbitrage Volontaire.
in-8°. 5 fr.

De l'Assurance du Fret à faire et du Profit espéré
in-8°, 1 fr.

PLAN DE DIEU OU PHYSIOLOGIE DU TRAVAIL
in-8°, 1 fr

ETUDE SUR LA VIE ET LES TRAVAUX DE GROTIUS
ou
Le Droit Naturel et International. — in-8°, 5 Fr.

DES GENS DE MER, in-8°, 1 fr. 50.

Application des Warrants à la Propriété Maritime, in-8°, 1 fr.

BIENTOT SOUS PRESSE

ABORDAGE MARITIME

Table de soixante ans (1804-1864), de Législation, Doctrine et Jurisprudence, sur l'*Abordage Maritime*, avec renvoi aux Auteurs et aux Recueils généraux et spéciaux sur la Matière. — 1 volume in-8°, 6 fr.

EN PRÉPARATION AVANCÉE :

RÉVISION GÉNÉRALE DU DROIT MARITIME
au point de vue Commercial, Administratif et Pénal.

Développement International de l'Industrie Française
par l'étude des Langues vivantes.

Refonte complète du **Dictionnaire du Droit Commercial Maritime.**

www.ingramcontent.com/pod-product-compliance
Lightning Source LLC
Chambersburg PA
CBHW060637050426
42451CB00012B/2634